말을 한다

장병진 시집

을지출판공사

| 시인의 말 |

많은 세월이 이맛살을 스쳐 갔다. 돌이켜 보니 다 삶의 흔적이었는가 보다.

남달리 글 재주를 타고나 쓴 글이 아니라 오직 괴롭고 답답하게 느껴질 때면 '시'라는 그리운 이가 다가와 달래 주었기에 체험을 바탕으로 글을 모아 시집이라고 모아 보았다.

문학이 멀어져 가고 있는 이 즈음에 나의 거친 글이 누구에게라도 한번쯤 읽혀진다면, 성숙하려면 아직도 먼 사람에게 이보다 더한 부러움이 어디 있겠는가.

모든 이야기는 묻어 버리고, 단 한 가지 우리 주위에는 정신적으로나 물질적인 면에서 잘사는 사람보다 못사는 사람이 더 많이 있다는 것과 잔재한 구시대적 생각을 버렸으면 하는 그것으로 만족한다.

마치기 전에 시세계에 첫발을 내디디게 해 주신 권선옥 논산문화원장님과 김진규 교수님(전 공주대학원장), 시 낭송을 지도해 주신 이혜정 교수님과 나영숙 선생님, 책을 내기까지 지도해 주신 시인 최양희 한내문학 이사장님께 깊은 감사를 드린다.

그리고 빼놓을 수 없는 아내 이종오와, 딸 장인혜 목사(일본 선교사)에게 가는 길이 순탄하길 바라며 펜을 놓는다.

2020년 2월에

장 병 진

아빠! 매일매일 행복하세요

- 50가지 감사 -

딸 장 인 혜
(일본 선교사)

주님의 성호를 찬양합니다.

사랑하고 존경하는 아빠!!

67세 생신을 진심으로 축하드립니다.

일본에 있어 함께 보내지는 못하지만 기쁜 하루 보내시고, 앞으로도 더욱더 영, 육, 혼이 건강하시길 기도합니다. 딸 인혜가 감사한 것들을 적어 보았습니다.

창세전에 창조하시고, 창조주 하나님의 계획 가운데 아빠에게 생명을 주어 이 세상에 태어나게 해 주심에 감사합니다. 수많은 사람들 가운데서도 하나님께서 아빠를 선택해 주시고, 특별히 주의 종 삼아 주심에 감사합니다.

할아버지가 일찍 돌아가셔서 힘든 가정환경 속에서도 아빠가 건강하게 성장하게 하셨던 하나님께 감사합니다.

홀어머니인 할머니를 최선을 다해서 섬기고 살아생전

효도하시려고 노력하셨던 모습에 감사합니다.

집안에서 거의 처음으로 예수님을 믿어 신앙생활에 어려움이 많이 있었지만 신앙을 지켜 가시는 모습에 감사합니다.

젊은 시절 생명이 왔다 갔다 하는 순간 속에서 하나님이 직접 역사해 주시고 만나 주셔서 생명 살려 주심에 감사합니다. 가난한 가정환경이었지만 배움에 대한 열정을 허락하셔서 공부하려는 의지를 갖게 하셨던 것 감사합니다. 고생하면서도 주어진 환경에서 열심히 일하며 학업을 할 수 있게 하셨던 것 감사합니다.

고향 교회를 다니시면서 은혜 받고, 예수님을 직접 만나는 체험을 하게 하심에 감사합니다. 증평과 논산이라는 먼 거리임에도 불구하고 목사님들의 소개로 엄마를 만나게 하시고, 말씀 안에서 결혼하게 하심에 감사합니다.

한 집안의 가장으로서 본인의 자녀가 태어나자마자 죽는 비참한 고통 속에서도 잘 인내하게 하심에 감사합니다. 가장으로서 삶의 정체성과 앞으로 어떻게 살아야 할지 고민하고 번민했을 때 바로 잡아 주시고, 빛과 위로로 아빠에게 다가와 주신 하나님께 감사합니다. 그 어떤 직업보다 사람을 살리는 목사라는 직분으로 아빠를 불러 주심에 감사합니다.

신학생으로서 교회 일을 병행하며 어려운 살림 속에서도 주의 길을 바로 가게 하심에 감사합니다. 주의 종으로 헌신하고 나서 아빠와 엄마의 자녀로 딸 인혜를 창조해 주심에 감사합니다.

장병진, 이종오 부모님의 자녀로 이 세상에 보내주신 하나님께 감사합니다. 주의 종의 가정, 믿음의 가정, 주님을 주인으로 삼는 가정으로 만들어 주심을 감사합니다.

아빠도 아버지로부터의 사랑을 받아 보신 적이 없어 본인 자신의 자녀를 어떻게 사랑하고 키워야 할지 모르셨겠지만 하나님의 전적인 은혜로 아버지의 사랑을 듬뿍 받고 자라게 하심에 감사합니다.

엄격한 아빠라고만 생각했던 아빠가 아버지 학교나 사랑의 뜨레스디아스 등에서 경험하신 후로는 사랑을 표현하는 것에 중요성을 깨닫고 달라지신 것에 감사합니다. 늘 주어진 목회에 열정과 최선을 다하시는 아빠셨기에 감사합니다.

아빠가 자비량으로 이화여자대학교 다락방전도협회를 통해 농어촌 미자립교회를 섬기게 하셨던 것 감사합니다. 제가 유치원 시절, 중학생, 고등학생, 대학생 시절 한번씩 갑작스런 출혈로 중환자실에 실려 가는 위급한 상황에서도 생명을 연장해 주신 하나님께 감사합니다.

많은 목회자들이 시골에서 좀더 나은 곳으로, 좀더 인원이 많은 곳으로, 좀 더 경제적으로 좋은 곳으로 욕심을 내는데, 그리고 그런 욕심을 내볼 법도 한데, 그렇게 하지 않고 주어진 곳에서 긴 시간 동안 인내하게 하심에 감사합니다.

아빠가 목회자로서 맑은 영감의 소유자이게 하신 하나님께 감사합니다. 아빠가 그 어떤 것보다도 하나님의 나라와 의, 교회와 교인들, 올바른 목회 중심으로 살아오게 하심에 감사합니다. 제가 대학생 시절 학교로 제가 좋아하는 색깔인 노랜색 편지지에 솔직한 이야기들로 가득 채워 편지를 보내 주셨던 아빠께 감사드립니다.

대학입학 기념으로 기대하지도 못 했던 해외를(일본) 보내 주셔서 감사합니다. 아빠의 뜻밖의 선물로 해외를 경험하고 더 넓은 세계와 새로운 타문화, 언어, 역사를 경험하게 해 주셔서 감사합니다.

어렸을 적부터 많이 까칠했던 저를 늘 사랑해 주셔서 감사합니다. 사춘기 시절 사 달라는 것도 많고, 반항도, 태도도 불량했던 저를 잘 인내함으로 바라봐 주셔서 감사합니다.

아빠가 목회하시는데 의도치는 않았지만 모범이 되지 못하는 딸이었을 때에도 너그럽게 봐 주셔서 감사합니다. 늘 목사의 딸로 어디 한번 놀러 못 가 봤다, 어디도 못 가 봤다, 이것도 못 해 봤다 하는 저에게 늘 미안해 하시고 지금부터라도 무엇인가 함께해 보려고 노력해 주셔서 감사합니다. 제가 하고 싶은 대로 대학원 휴학하고 일본으로 어학연수 가겠다고 했을 때도 별로 반대하시지 않고, 심적으로 물질적으로 후원해 주셔서 감사합니다.

배재대, 목원대, 감리교신학대학 대학원, 관서학원대

학 대학원에서 공부하는 동안 늘 어려움 없이 공부하도록 서포트해 주셔서 감사합니다.

일본 선교사로 나가고자 준비하는 동안 늘 신뢰해 주시고, 믿어 주셔서 감사합니다. 선교사로 나가기 직전, 목사 안수 받기 직전, 많은 어려움이 있었을 때 묵묵히 기도함으로 도와주셨던 것 감사합니다. 아빠의 뒤를 이어 부족한 저도 주의 종의 길을 걸을 수 있음에 감사합니다.

일본 선교사로 일본에서 사는 동안 제가 언어와 선교영역에 있어서 담대하게 나아가도록 보이지 않는 곳에서 물심양면으로 기도와 서포트해 주신 것 감사합니다.

아빠가 협심증으로 가슴 통증 호소를 할 때 바로 병원에 갈 수 있게 조언하게 하심에 감사합니다. 심장 혈관 시술이 잘되고, 지금은 잘 관리하시면서 건강하게 하루하루를 살게 하심에 감사합니다.

백내장, 녹내장 등 눈에 관련된 수술을 하고, 안압을 제때 치료하지 못해 한쪽 눈이 많이 안 보이지만, 그래도 볼 수 있게 하심을 감사합니다.

공주지방 감리사를 그때 허락하지 않으셨던 하나님의 뜻을 이해하고 분별하게 하심에 감사합니다.

몇년 전 큰 사고가 있었지만, 지혜롭게 해결하도록, 돕는 손길 붙쳐 주심에 감사합니다. 사고로부터 아빠의 생명을 보호하여 주시고, 그 일로 통하여서 많은 부분을 회개하게 하시고, 깨닫게 하심에 정말 감사합니다.

교회에 직분자로서 목회자의 마음을 아프게 하는 자들이 있지만 이로 인해 기도하게 하시니 오히려 감사합니다.

성령의 두루마기를 입혀 주셔서 은퇴하시기까지 은혜롭게, 조용하게 마무리하게 하실 줄 믿고 감사합니다. 좋은 후임자 만나게 하실 줄 믿고 감사합니다.

은퇴 후에도 영, 육, 혼을 건강하게 하시고, 경제적으로 힘들지 않고, 주의 일, 사회 봉사, 해외 선교를 위해 할 수 있는 일을 주실 줄 믿고 감사합니다.

딸이 일본 선교사로서 함께 한국에 있지 못하지만, 어느 순간에도 부모님이 외롭지 않게 하실 줄 믿고 감사드립니다. 늘 기쁨과 감사, 소망과 행복, 복음과 선교, 사랑과 헌신이 넘쳐나는 가정 되게 하실 줄 믿고 감사합니다.

아빠!!

아빠를 통한 하나님께 감사, 제가 아빠께 감사하는 것들을 생각나는 대로 감사고백을 해 보았습니다. 늘 이야기해도 부족하지만, 아빠와 엄마가 계시기에 감사합니다. 주어진 환경을 감사하며, 하나님 기쁘시게 하는 우리 가정이 되길 소원합니다. 새벽마다 저도 기도하고 있습니다.

아빠!

67세 생신 축하드립니다.

건강하시고, 하나님의 나라와 의를 위해, 더 남은 생애 헌신하시는 아빠!! 존경합니다.

3월 31일 하루 뿐 아니라, 매일매일 행복하세요.

차례

Contents

Contents

제 3 부 혼자서 가는 길

Contents

제 4 부 속삭임이 온다

Contents

제 5 부 엄마의 바느질

제 1 부

시간 여행

쑥이 잘 자라던 냇가에
거울 같은 물빛도 그대로고
솔바람 소리 좋은 악기가 되어
노래하는 곳으로 여행을 간다

새 마음의 눈으로

오늘은
새로운 날이다
새 아침이다
나는 새롭게 가리라

새롭게 보면
새로운 소식이 아닌 게 없다
이 땅에는 새것만 있는 게 아니라

새롭게 보면
헌것도 새것으로 보인다

올해에는
착하고 아름다운 천사처럼
새로운 마음의 눈으로
다시 살펴보리라

너와 내가
새로운 마음으로
새로운 뜻으로
서로에게 새 소식이 되리라

첫 발걸음을 걸으며
뜻이 있는 우리가 되자
새해에는 뜨겁게 사랑하자

별을 바라보는 마음으로…….

가을 들녘

석류 알이 탁 터지고
벼 이삭이 찰랑댄다

내리퍼붓던 뙤약볕이
땅 끝으로 물러나고

밤들자 귀뚜라미 소리는
내 영혼을 깨워 놓고

넘쳐 나는 달빛이
온 사방을 적신다.

영혼까지 적신다.

봉선화의 사랑

한여름의 뙤약볕에
사랑으로 무르익어

아름다운 색깔로
약속으로 말을 하고
손톱으로 약속하네

죽어도 못잊을
절절한 사랑이

씨앗으로 톡톡
튀어 나오고 있네
봉선화의 사랑아…….

나를 보고 웃는 꽃

어제도 오늘도
꽃은 나를 보고 웃고 있네

상쾌한 아침
이슬이 눈물인가
나를 괴롭게 하는 일
많았지만 언제나 웃어 주는 코스모스

모든 식물의 생명수가 되는
이슬의 깊은 뜻을 누가 알까
하늘의 입김 서린 구슬이라 했던
어른들의 말씀이 생각난다

내 슬픔을 아는 듯
꽃은 울지 않고 웃어 주네
세월의 고통을 참고 견딘 것처럼

아름다움을 간직하고 견딘다
나도 꽃처럼 웃으며 살리라

나도 꽃처럼 향기를 내며 살리라
나도 꽃처럼 아름답게 살리라
꽃은 언제나 웃으며 핀다.

들판의 풀꽃

저녁이 되며 아침이 되니라
이는 셋째 날이니라
각기 종류대로 이 땅에 주신 선물
우리가 그 이름을
모르고 있을 뿐이다

숨어 살면서
잡다한 것들에 숨어 있는 것들
드러내지 않을 뿐이다

풀꽃은 내면으로 인내하면서
숨어 살면서도 자기를 뽐내지 않을 뿐
치열한 생명력을 키운다

들꽃에서 배워야 한다
뽐내지 않고 교만하지 않고
생명의 겸손함을
들꽃에서 배워야 한다.

입춘 · 1

긴- 겨울
가뭄 끝에
양지쪽에 앉아서
지붕을 타고 내리는

한 방울
두 방울
떨어지는 물방울
추녀 물을 세어 본다

입춘 날에
비가 온다
봄이 찾아왔다
신호일까
올 한 해를
빌어 본다.

입춘 · 2

하얀 겨울 몇 날이던가
살그머니 품고 있던 따스함
내 가슴에도 봄씨 하나 품었네

매운바람 속에 꼼지락거린다
꽃바람이 불어오기를
눈 비비고 올라오는 소리를 기다리네

입춘날 비가 오고 날씨 청명하니
금년이 평안하기를 기도한다
이제는 훈풍이 불어오려나.

알게 하소서

선풍기 틀어 놓고 세끼 밥 먹는 사람들
남을 모함하고 자리를 탐내고
황금에 눈이 어두운 사람들을
부끄럽게 하여 주십시오

부끄러움을 모르는 사람들을 위하여
부끄러움이 뭣인가를 알게 하여 주십시오
올곧게 살아왔다고 할지라도
지나온 세월을 되돌아보고 스스로
부끄러움을 알게 하여 주십시오.

흙

떡갈 나뭇잎 서걱거리는
창문을 열어 놓고
방에 누워 있으면
어머니 품속 같았던
아늑한 흙냄새

밭에는 배추 상추
싱싱하게 자라고
나비도 춤추며
강아지가 나비를 쫓아갔었지

흙냄새 간 곳 없고
농약으로 버려진 땅엔
비닐 조각은 바람에 나풀거리는데
내 어린 시절의 흙냄새가 그립다

흙냄새에 곧잘 잠이 들던
어린 시절의 기억들이…….

빈 항아리

속은 비어 있어도
겉으로는 당당한 모습
둥글게만
자리 잡은 네 모습

세찬 바람이 불고
소낙비가 와도
모나지 않고
언제나 둥글은 네 모양

가득하게 채웠으면
채운 대로
비웠으면 비운 대로
항상 폼 내지 않고

생긴 모양대로 앉은
그 겸손함이여…….

시간 여행

여행을 간다 시간 여행을 간다
내 어린 날과 젊은 날로도 가 본다

쑥이 잘 자라던 냇가에
거울 같은 물빛도 그대로고
솔바람 소리 좋은 악기가 되어
노래하는 곳으로 여행을 간다

메뚜기, 우렁이, 잠자리
풀밭에서 뛰노는 여치
돌 사이에서 잡히던 다슬기
줄줄이 나와서 나를 마중한다
내 지난날 시간 여행을 간다.

어린 시절의 우물물

맑은 물이 가득 고인
옛날 우물가 곁에는
바가지가 있었다

물을 퍼 마시면
바가지에 뜬 내 모습도
입 속으로 빨려 들었다

별이 뜨는 밤이면 별도 퍼 마시고
바가지 그득 달도 퍼 마셨다

별과 달이 담긴 물 한 모금 맛이 그립다
우물도 메워 버린 지금에도
내 가슴속엔 어린 시절의 우물물이
꿈처럼 고여 있다.

내가 어릴 적에는

내가 어릴 적에는
아카시아 꽃을 훑어서 먹고
내가 어릴 적에는 감꽃을 주워서 먹고

내가 학창 시절에는 신문 배달로 뛰었고
내가 젊은 시절에는 점원 일로 뛰었고

내가 청년 시절에는
거룩한 일에 뛰어들어
앞으로 죽어 가는 모든 것을 사랑해야지

영원을 바라보며 그 나라를 바라보며
무엇을 셀까 지금도 생각 중이다.

뒷동산

어릴 적
전설이 사라지고 나면
뻐꾹새 노래 따라
어김없이 봄이 오면
뒷동산 양지 바른 쪽에
할미꽃이 피어 나고
연분홍 꽃으로
온 산을 이불로 덮고 있는

내 고향 뒷동산에서
해 지는 줄 모르고 뛰놀던
뒷동산의 추억이
지금은 그 동산에
옛날의 그 친구들이 거기에 있을까

친구와 뛰놀던 고향의 함성
언제 들을 수 있을까
나의 고향 뒷동산의 추억을…….

촛불

촛불은 자신을 태워
그 불빛으로 방 안을 밝힌다

이 땅에서 활동하다가
천국으로 들어가는
영혼을 위하여 눈물을 흘리며
길을 밝힌다

내 어린 시절
촛불로 공부하며
나의 길을 묻고 다짐하며
나를 불태우며
어두운 이 세상을
밝히리라

소망의 촛불로
평화의 촛불로
사랑의 촛불로.

일을 하자

민족의 대동맥 경부고속도로
혈맥의 순환이 쉴 새 없이
일을 한다

이쪽과 저쪽을 잇는
도로와 골목길까지
구석구석을 살아 있게 한다
언제나 활발한 순환도로가
활기 있게 한다

이제는 얼어붙은 북쪽까지
꿈틀거리게 한다
나에게 주먹을 쥐게 한다

순환적 질서 속에서
꿈이 아니기를 소원하며
이 민족의 꿈이 이루어지기를
일을 하자.

일생

내 어린 시절은 개나리 노란색이다가
내 소년은 짙어지는 녹색이다가

내 청년은 알 길 없는 동굴 속의
검정색이 변한 회색이다가

내 장년은 출렁이는 푸른 강물이다가
이제는 다시 융단 같은 노란 황색

지금은 다시 유년으로 돌아가
나비처럼 황홀한 꿈을 꾼다네.

제 2 부

말을 한다

생명을 보호하기 위해
안전하게 운전하라고 말한다

당신도 나도
우리 모두 말을 한다.

말을 한다

말을 한다
이정표도 말을

차선도 말을 한다
신호등도 말을 한다

흰색 선도, 황색 선도
청색도, 분홍색도, 녹색도 말을 한다

생명을 보호하기 위해
안전하게 운전하라고 말한다

당신도 나도
우리 모두 말을 한다.

깊이 생각하라

태어날 때는
빈손으로
태어났지만

갈 때는
무엇인가 남겨 놓고
가야 하지

무엇을 남기고
갈 것인가를

깊이 생각하고
또 깊이 생각하며 살라

가치를 생각하며.

발걸음

발걸음이
움직일 때마다

인생의
가치를 깊이 생각하라.

내 마음은 그릇

내 마음은 빈 그릇
그 빈 그릇에는

욕심도 담았다 비워 내고
꿈도 담았다 비워 내고

비워 낸 자리에는 오늘도 담고
또 내일도 담으면서 채워 간다

욕심은 담아 두지 말고
허망한 꿈도 담아 두지 말고

넘치지도 모자라지도 말고
분수만큼만 담아야 하리

묵은 것은 떠내 버리고
새로운 꿈을 위하여 비워 두면서
분수만큼 담아야 하리.

하모니를 이룬 세상

들판에는 벼들이
누렇게 익어 고개를 숙이고 있네
가을빛을 머금고
논마다 주인에게 인사를 하네

나란히 줄을 맞추어
여물지도 않은 이삭도 가지런하다
벼 이삭은 저마다 다르다
덜 숙이고
더 숙이고
길고 짧다

서로 다른 녀석들이
고개를 숙이고 가지런한 것은
서로 잘 어우러져 있기에
아름다운 것이다

서로가 다르지만
하모니를 잘 이루면
사람 사는 세상도
아름다운 노래가 되어
살아 볼 만하다고 침묵으로 말하네.

살기 위해서

살아 남기 위해서
나는 나를 바느질 했다

입도 귀도 눈도 꿰매 놓고
내 감정까지 바느질 했다

알고도 말 못하는 세상
보지도 듣지도 말하지도 못했다

꿰맬 것은 모두 꿰매 놓고
나의 오감까지 꿰매 놓고

벙어리처럼 살라고 옛 어른들 말
부글거리는 분노를 움켜 안은 채
살아왔던 나의 과거 생활…….

한 송이의 꽃

무심코 내려다 본
한 송이의 꽃

어제도 피지 않던
화분에 한 송이의 꽃
캄캄한 밤 사이에
몰래 피었구나

내가 잠든 사이에
피어난 신비함이여
사람들 몰래
밤 사이에
피어났구나

아내의 정성과
아내의 돌봄과
아내의 사랑이
나를 웃게 한다.

꽃씨 알갱이

작은 씨 알갱이에서
생명의 소식이 들린다

작은 씨 알갱이에서
넓은 잎이 피어나고

점 같은 씨 알갱이에서
채송화 꽃이 피고
바람결에 날아가 버린
씨 알갱이에서
민들레꽃을 피워 노란색이 되어
삶을 자랑하네

천체의 운행은 계속되고
우리도 주고받는 눈짓에서

사랑이 무르익어
그 눈짓이

새 생명을 잉태케 한다.

신비로움이여
작은 씨 알갱이여
생명의 신비여.

나는 소띠다

멍에를 등에 지고
굴욕까지 눌러 참고
땅만 보고 논과 밭을 갈아 덮어

소로 태어난 운명을
내 다 안다는 듯이
그 큰 눈을 껌벅일 때면
바람도 숨을 죽인다

오늘도 뙤약볕 아래
척박한 땅을 갈면서
묵묵히
세상을 갈고 있다.

오늘 아침 기도

오늘 아침 소룡산에 오르다가
생각이 떠올라 기도를 한다

눈부신 햇살 아래 나무들도
하늘을 향해 기도하고 있다

문제가 너무 많은 세상
참회할 일이 너무 많은 우리들
어려운 시대에 굶주리는 이 없게 하소서
직장에서 내쫓기는 젊은이가 없게 하소서

이 산속의 나무들도
무럭무럭 자라나게 하소서
하고 많은 기도 중에서
오늘은 이 세 가지 기도만으로 끝냈다

나무들은 하늘 보고 기도하고
나도 하늘 보고 기도한다.

우리 인생

인생은 아름답다

하늘에는 별이 있고
땅에서는 꽃이 핀다

우리 인생은 가슴으로
시를 품고
사랑을 잉태한다

달 밝은 밤
이름 모르는 새의 울음소리도
한 소절 노래가 되고

여름날 둠벙 속에
떨어지는 빗방울이
둥글게 번져 가면

우리 인생사
서로 서로 다독이며
정답게 살아가는 것

사람으로 태어나서
서로 사랑하며 살다가

머리 희끗희끗하고
얼굴에 주름 잡혀도

살아온 인생은
진실로 아름다운 것.

5월

계절은 어김없이 바뀌어도
꽃은 지금도 피어나고 있고
사계절마다 꽃은 아직도 피어나고

해맑은 꽃송이 속에도
하나님이 계십니다
꽃송이처럼 해맑은
아이들의 웃음 속에도
하나님의 나라가 있습니다

누덕누덕 덧붙인
온갖 허물을 벗어 던지고
5월 맑은 얼굴
환한 웃음으로 돌아가자.

상상화

가을 하늘을 쳐다보면
무심코 외면했던 시간이 있었다.

고개 들고 나에게 미소로
나뭇가지 사이로 손 내미는
밝은 빛이 찾아온 것이며

바람이 나에게 건네는 소문에
담장 밑 상상화의 달콤한 정감이
나를 반가이 미소로 반겨 준다

시련이 밀려와도 인내로 견딘
아프고 고단한 삶을 만나더라도
오늘은 평안히 가다오.

벌의 하루

아침에는 꽃에서 꿀을 빼 먹고
점심에는 집을 짓고
저녁에는 애벌레를 키우네

아침에는 불청객을 쏘아 대고
점심에는 꺾으려는 사람을 쏘아 대고
저녁에는 애벌레 해치는 자 쏘아 대고

오늘도 벌 몇 마리 죽었네

부지런히 날아다니며 일을 하네
꿀을 저축하는 일
생명과 성실과 좋은 양식의 생산자

선한 식품 아름답고 깨끗한 식품
생명을 살리는 식품 꽃에서 나오는 생명수
꽃은 세상 어디에도 흩어져 있다

꿀벌만이 꿀을 모은다
흩어져 있는 시를 모은다
여기저기에 있는 시를 찾아 낸다
꽃과 같은 시 꿀벌과 같은 시
입에서 나오는 것마다 꿀을 토하듯

세상의 소음 속에서
슬픔과 절망과 고통 속에서
꿀을 토하는 우리가 되자.

호박꽃의 의미

담장 위로 자란 호박 넝쿨
대나무를 휘감고 올라간 넝쿨에 핀
호박꽃

네가 피어서
세상이 조금 더
환하구나!

조금 있으면
너는 나의 보약이 되겠지
그럼 나도 너처럼
세상에 빛으로 살아야지.

나의 꿈이

내가 꾼 꿈이 손에 잡힌다면
내 앞가슴에 달고 다니고 싶다

내가 꾼 꿈이 새라면 새장에 넣어
우리 집 처마 끝에 달아 놓고 싶다

내가 꾼 꿈이 눈에 보인다면
사진 찍어 틀에 넣어
벽에 걸고 싶다.

내 길을 걷자

꽃이 피면 피는 모습 그대로
꽃이 지면 사그라지는 그대로

차가운 바람이 불어와 떨어지는
꽃잎을 물끄러미 바라보며
아름답다고 말하리라

예쁘게 피는 꽃도
수명을 다하고 떨어지는 꽃잎도
아름답기만 하다

때가 되면 피어나고 지는 꽃
계절의 섭리를
어떻게 막을 수 있으랴

싫다고 가는 님
좋다고 오는 님
막을 수 없듯이

빗물 흘러 강으로
강물 흘러 바다로 가듯이
나도 간다 넓은 세상을 향해.

인생은

인생은
먹고 마시고
춤추는

향락의
놀이터가
아니다

보람을
창조하는
창조의 일터다.

제 3 부

혼자서 가는 길

태어나서 지금까지
나도 혼자서 가네

인생이란 배도
역시 혼자서 가야 한다네.

가슴속에 핀 꽃

봄에
흙을 덮어
뿌리를 내리고

한여름
태양을 견디며
곁가지를 늘려

가을을
익혀서

겨울을
매섭게 돌아
피워 낸 꽃.

내 눈에는 보석

걸어가다 보면
도랑마다
누가 심어 놓지도 않았는데
이름 모를 꽃의 보석들이
반짝반짝 빛나고 있다

하늘의 별들이 쏟아져 내렸나
누가 뿌려 놓았을까
걸어가면서 보고 또 보아도
말을 할 수 없어서
쭈그리고 앉아서 한없이 바라본다

가지각색을 바라보노라면 눈이 부시다.

새벽의 삶

맑고 맑은 날 새벽에
문을 열고 뜰에 서면
차가운 기운 코끝으로 스미는
서늘한 공기

조용한 새벽시간에
달빛도 별빛도 맑아
내 눈에 곱게 곱게도
쏟아져 내리고

건넌 마을에서
닭 우는 소리조차
내 귓가에 날아와 앉아

조용하고 맑은 날 새벽에
마당 뜰에 서면
영혼도 맑아지는 오늘

내 삶은 시작이다.

내 것은 없었다

내 것은 없었다
비워야 산다
사는 동안 빌린 것이다

모아 둔 재물도
애틋한 사랑도
명예도 내 것이 아니다

끝자락에 되놓고 갈 걸
무엇이 내 것이라 하는가
욕심이 있으면 힘든 것
세상만사 고달프기만 한 것
얼마나 부질없는 것인가

알몸으로 왔을 뿐
모든 것 공짜였다.

신비한 계절의 변화 속에

봄, 여름, 가을, 겨울
꽃을 볼 수 있고
바람, 공기, 햇빛
공짜로 쓰니 마음은 부자이다

나그네 인생의 여행
생방송 삶의 무대
지휘자도 연주자도 내 몫인데
순간순간을 최선을 다하며
웃으며 살리라.

거미줄

차를 타려 차고로 가다가
멈칫 멈추고 얼굴에 붙은
거미줄에 인상을 찌푸리게 되어
오늘 하루도 평안을 빌어 본다

아하! 그렇지
그분과 나 사이에는
명주실보다 더 가느다란
눈에 보이지 않는
생명선으로 이어져 있지

감사해야지
거미줄 하나에
감사를 드린다.

나를 보며

내가 나를 발견할 때
내가 내 모습을 선택하면서
내가 초라해지는 것이 아니다

전에 몰랐던 나를 알아가는 것
때로는 초라한 모습이 나를 보게 한다
바람에 날아가는 민들레 꽃씨를 보며
인생 무상함을 알아 정신을 차린다

현재 모습에서
과거를 보며 바람을 타고
미래를 꿈꾸게 하고 멀리 보게 된다
내일은 더 알차게 살자고 다짐한다

새롭게 멀리 꽃씨처럼 날아간다
가난한 마음이 자유요 진리인가
가난한 마음 없이 이르는 가난은
아쉬움이다.

하늘의 별을 헤아리며

마루에 앉아
하늘의 별을 헤아린다

별 하나에 어린 시절도 생각하고
소년 시절과 청춘도 생각하면서
별과 함께 나는 추억 속에 있다

별빛이 내 눈가에 떨어지면
초롱초롱 맑아지는 내 생각
나는 꿈 많던 그런 소년이 된다

산다는 것은 꿈인 것을
진정 꿈꾸듯 살아가야 하리.

햇빛

하나님이 내려 보내는 것이다
이 눈부신 햇빛들을

문을 열면 방 안 가득히 들어오는
수억만 개의 화살들은
누가 쏘아 대는 것일까

밤이 되면 거둬 가지만
아침이면 온 천지에
꽃다발처럼 퍼붓는 햇빛

하나님은 오늘도 환한 햇빛을
지상으로 내려 보내시는
그분은 사랑이시라.

겨울

겨울이 울고 있는데
전신주도 윙윙거리며 울고

창호지도 문풍지를 떨며
구슬프게 울고 있다

계절을 흘러 보낸 세월도
새벽에 깨어나 울고 있다

겨울은 추워서 너무 추워서
온몸으로 떨고 있다.

우리와 함께하시는 분

나는 이 겨울에도
춥지 않다

보아라
이 들판에
햇빛이 충만하지 않은가?

나는 어떤 어려움이 와도
두렵지 않습니다

보아라
어두운 밤에도
별빛 달빛이 비추지 않는가?

나는 혼자 있어도
외롭지 않습니다

보아라
쉬지 않고 바람이 불어와
친구하자고 하네요

나는 가진 것이 없어도
가난하지 않았다

보아라
모든 것의 주인이신 분이
언제나 나와 함께하시지 않는가?

처서

쓰르라미 소리 귀 따갑더니
귀뚜라미 달빛 속에서 운다

멀리서 오는 듯 가을 발자국 소리에
가만히 귀 기울이면

바람 타고 들려오는 계절의 낮은 음계
여름이 물러가며 내어 주는 자리에

소슬바람에 몸도 씻고
마음도 씻는다.

목욕탕에 있는 나

너도 나도 원시인
의복도 신분도
벗어던진 몸
부끄러움도 없다

마음의 때를
세상 먼지를 밀어내고

마음속에 숨어 있는
탐욕까지 씻어내면
몸도 마음도 가벼워진다

목욕탕은
순수한 나를 보게 한다.

보고픈 모습

꿈속에서
부르짖던 나의 아버지
모습이 그립다

그립고 그리운 모습
힘겹게 살아온 세월 속에
또 생각이 달과 함께 떠오른다

내 편은
아무도 없다고
눈물을 흘리며 울던 날

괴로워서 울던 날
몇 날 밤이던가
이제는 별 하나에 사랑과

현해탄 건너 딸 사랑에
흠뻑 젖어 시와 함께

노래하며 그 나라에 가리라

보고 싶어도 볼 수가 없어
울던 밤을 손꼽아 본다
하늘나라에서나 볼까

정녕
그 어디에 계시온지
단 한 번만이라도 볼 수만 있다면

나의 아버지여!
나의 아버지여!

효

필요한 사랑 당연한 섬김
많은 사랑이 존재한다
이 세상에서 가장 필요한 사랑은
부모를 사랑하는 것

이것이 인간의 기본적인 삶을
변화시키는 능력
부모를 사랑할 수 없다면
그것은 거짓

사랑은 반드시 행동을 가져오며
당연한 섬김을 요구한다
그 요구는 부담이 아니라 행복
이것이 바로 효이다

우리는
이 사랑을 하고 있는가?

엄마 말씀이 생각나요

오늘도 목표에 못 갔다 하여
자책하지 마라
얼마나 갔는지 살펴라
오늘도 한 발짝 갔으면 됐다

분명한 목표가 있다면
거기를 향해 가고 있다면
너 자신이 힘을 내고 용기를 가져라

그러면 잘 살아가는 것이다

사는 보람과 기쁨은
목표에 가면 되지만
그러나 그것은 최후의 순간이란다

한걸음 한걸음의 보람과 기쁨이
살아가는 보람이야
나의 삶…….

혼자서 가는 길

해는 혼자서 가네
수억만 년을
달도 혼자서 가네
지구도 혼자서 돌고

세월도 혼자서 가네

태어나서 지금까지
나도 혼자서 가네

인생이란 배도
역시 혼자서 가야 한다네.

제 4 부

속삭임이 온다

얼었던 대지가
꿈틀대고
새싹을 나오게 하고

열매를 맺게 하는
계절이 지나면
풍성함이 온다.

나는 괜찮아

너만 평안하면
나는 괜찮아
너만 건강하면
나는 괜찮아
너만 행복하면
나는 괜찮아

돈이 없어도
출세를 못해도
형제 부부간에
우애와 사랑이
있으면 괜찮아

해진 옷을 입어도
보리밥을 먹어도
별이 보이는 곳에서
잠잘지라도
니들만 좋아하면

나는 괜찮아

엄마 걱정은 하지 마라
기도하마
별을 세어 가며
마당에서 잠자던
그 어린 시절이 그립다
보고 싶은 나의 어머니.

보고 싶어요

어려서 몰랐습니다
철이 없어서 몰랐습니다
그땐 몰랐습니다
엄마가 있던 자리가
포근하고 따뜻한 자리인 것을
엄마가 가시고 난 후에야 알았습니다

가을바람에 뒹구는 나뭇잎
내 가슴을 휩쓸고 가는 싸늘한 바람
돌이킬 수 없는 못다 한 사랑 앞에
그리움으로 눈물이 쏟아집니다
보고 싶어 목 놓아 불러 봐도
대답이 없는 엄마
가슴속에 남아 있는 말 한마디를
눈물로 띄워 하늘 저편에 보내 보렵니다

당신은 나의 어머니
당신을 사랑합니다.

사랑의 샘물

찬바람이 휘몰아치는 겨울 밤
아랫목에서 아기에게
젖을 물린 인자한 눈길이 있다

엄마와 눈 맞추며 방끗방끗 웃는
아기의 맑은 눈동자가 있다

나뭇잎 하나 둘 떨어지는 가을 날
영원히 변치 말자는 사랑이 있다

남편의 병상에서 밤을 지키며
두 손 모으는 아내의 간절한 기도가 있다

우리들 가슴속에는 언제나 사랑의
샘물이 고여 있다.

물 한 그릇

조용한 새벽
별이 유난히 반짝이는 새벽
대지를 뚫고
솟아 나오는 우물

달빛 별빛으로 헹궈 낸
하늘과 땅이 빚어낸 청정수
그 물을 떠다 놓고
티끌 하나 없는 깨끗한 물

두 손 모아
소원 성취를 비는 엄마의 마음
두 손을 모으는 엄마는
빌고 또 빈다 건강을 위해…….

눈 오는 길에서

눈 오는 날은 집을 나선다
가진 것 없음으로 홀가분한 기분이다

사각사각 내리는 눈은
가로수를 덮고 건물 옥상도 덮고
길을 덮고
그 길 위에 발자국을 남기며 걷는다

걷다가 하늘을 올려다보면
나부끼는 눈송이에 무심코
존재의 실체를 느낀다

존재하는 것은 사라지기 쉬운 것
눈 오는 날 녹아 질척이는
허무의 길을 밟으며 내가 간다.

늙은 나무

마을 중간에 우뚝 솟아 있던
아름드리 느티나무
천수를 누리고 임종을 맞았다

단단하던 피부는 삭을 대로 삭고
속은 텅텅 비어 동굴 같은데
진액이 다 빠진 헐거운 둥치엔
벌레들이 구멍을 뚫어
문전성시를 이룬다

살아서는 무성한 그늘을 이루어
사람들이 즐겨 찾는 쉼터가 되었다가
죽어서는 땔감으로 쓰이는 너
이제 자연에 순응하며
조용히 죽음을 맞고 있다.

속삭임이 온다

아이들이
양지쪽으로 나오면
봄이 온다

아주머니들이
나물 캐러 바구니 들고 나오면
봄이 온다

얼었던 대지가
꿈틀대고
새싹을 나오게 하고

열매를 맺게 하는
계절이 지나면
풍성함이 온다.

내가 살던 고향

내가 살던 고향은
변함없이 자연의 섭리에 따라
벼가 익어 가겠지

여기저기에
호박과 고추가
색깔의 옷을 입고
자랑하듯

우리 집 앞에는
어김없이 토란이 자라고 있을까
지금 여기 토란 잎에
이슬이 굴러 내리고 있네

여기에 있는 정자나무를 보니
어릴 적에 그늘에서 놀던 시절이
생각이 나고 꿈을 꾸었지
나도 크면 그늘이 되어 주어야지

고추잠자리가 날아다니던 고향
갈대꽃이 흔들리던 고향
소쩍새 울던 고향
꿩이 울어 대던 고향
나를 키워 준 고향이 그립다.

아침에 일어나

아침에 일어나
화분에 물을 주니
엎드렸던 화초가
부스스 눈을 뜨네

옆에 있던 친구들도 질세라
몸을 흔들며 춤을 추네

지난밤에 힘들었다고
죽지 않고 살아 있었다고
눈짓을 하네

고맙다고 눈짓을 하네요
화단에 물을 줄 때면

꽃 피어
열매 맺고
씨앗 맺어 보답 한다네.

내가 사는 농촌

우리가 사는 동네는 농촌이다
농촌 사회를 지나
산업 사회를 지나
정보화 사회를
그리고 제4차 산업 사회에 와서 보니

농촌에는 주인 없는
빈집이 늘어나고 있다

쥐들도 배고파 도망가고
녹슨 농기구가
눈을 부릅뜨고
헛간에 걸려 있네

누가 녹슨 기구들의
날을 세울까.

고향 갔다 온 날

고향에 갔다 온 날은
솔바람 소리와 냇물 소리도
나를 따라와서
대문으로 따라 들어온다

고향 냄새에 취해 나는 붓을 잡는다
이미지 하나하나 붓 끝에서
그리운 숨소리도 들리고
깊은 산속에서 꽃도 피고 지는데

오늘밤엔 고향의 별들이
무리 지어 놀러 올 것 같다.

벌초하는 날

부모가 그리워 고향을 찾아간다
원이 풀린다는 마을
'원평' 이 내 고향이다
물맛이 좋다는 동네
그러나 지금은 옛말
세월 흐름이 이제는 낯설다

정든 얼굴들은 도시로 떠나고
타작마당의 북데기 같은
인정도 정담도 바람결에 날아가 버렸다
내 발걸음은 무거운 마음
땀으로 얼룩진 내 의복 속에서
부모님의 냄새가 그리움으로 다가온다

옛길은 간데없고 넓은 길속에서
옛사람들의 숨결이 들려온다
내 남아 있는 시간은 무엇을 세며 살까
아마도 가슴속에 새겨진
삶에 흔적들을 세며 살리라

내 고향 원평

내 고향은 원평
산 밑에 우리 집
호두나무 복숭아나무 미루나무
대추나무 측백나무 매화꽃나무
봄이면 새싹을 보고 꽃을 보고
여름이면 파란 잎을 보고
가을이면 열매를 보는 나무

내 어린 시절이 그립다
눈이 내려 쌓이면
눈을 치우는 일로 힘들어하던
어린 시절 눈사람 만들어
재미있게 뛰놀던 때가 엊그제 같은데

이제는 인생의 겨울이 벌써 와 있네
부엌에서 들려오는 어머니 목소리
아내가 심어 놓은 매화꽃이
나를 웃게 하네.

고향

내가 어린 시절에는
꿈이 커서
내 고향을 훌쩍 떠나 왔는데
그 고향 떠나고 싶어서
몸살 앓으며 살아왔었는데

이제 생각하니
너무 멀리 떠나온 고향
그리고 커 버린 낯선 고향
별을 노래하며 달을 보며
그리워하던 내 고향
이제는 마음의 고향이 되었네.

풍장소리

풍장소리에 이끌리어
그 소리를 들어 보니

꽹과리, 북, 장구, 징
모두가 우리의 소리다

삼보산 기슭에서
불어오는 바람 소리
숲 속으로 잦아드는 소리

논밭 갈아엎는 쟁기소리와
구성지게 들려오는
풍년 기약과 우리 소리
심금을 울리는 새납소리
가슴을 울리는 북소리와

마음을 움직이는 징소리와
우리 모두를 움직이며

춤추게 하는 장구 가락에
하나 되게 한다

이것이 사람 사는 소리 아닌가.

두레 풍물단

우리 조상들의 지혜로 이어 받아온
두레 놀이를 통해 역경을 인내하며
문화 예술 풍물로 계승한 놀이

풀꽃에서 천국을 보고
모래알에서 우주를 보며
순간에서 영원을 보며
우리에 영과 혼을 이어 온 두레 풍장

어린이에게는 노래가 되고
젊은이에게는 철학이 되고
노인 어르신들에게는 인생이 되는
두레 풍물단의 사랑과 화합과 통일을
악기에 담아 우리 모두 즐겨 보자

꽹과리야 앞장서라
징을 울려라
북을 두들겨라

장구를 치거라

우리 모두 어깨춤을 추자
덩실 더덩실 덩실 더덩실
어허라 데이야~.

두레 풍물 한마당

백의민족 하얀 옷
흰색 머리띠 두르고
깽~매 음매 깨이깨이
깽매두 깨이깨이
길놀이 나선다

꽹과리가 앞장선다
가락을 알리며
두깨이 두깨이 깽매두 깨이깨이

풍년을 기원하며 건강을 기원하고
축복을 기원하니 신명나네
구슬땀 방울방울
깽매두깨이 깽매두깨이
깨이깨이 깽매 깽매두깨이

구경하던 사람들
덩실덩실 어깨춤을 춘다

떠떵따 떠떵따 떵따따
신명나게 뛰어라
신명나게 뛰어라

북을 두들겨라
떵떵 두들겨라
장구야 쳐라
떠떵따 떠떵따 떵따 떵따

꽹과리야 앞장서라
깽 뚝 깽 음매 깨이깨이
깽매두 깨이깨이 음매깨이
징소리 울려 퍼지면
우리들의 한도 우리들의 사랑도

어린이도, 젊은이도, 어르신도
함께 어울려 멀리 퍼져
함께 울려라
깨이깨이 깽매 깽매깨이.

부끄러운 이 세상

하늘 쳐다보기가 부끄럽다
자식이 부모를 해치고
남편이 아내를 죽이고

신문 보기가 겁나서 외면을 하면
하늘 보기가 더욱 부끄럽다
이브의 죄가 원죄라고 하지만
하늘 아래 살면서 정말
하늘 보기가 부끄럽다.

제 5 부

엄마의 바느질

알아도
몰라도
들어도 말하지 말란다

모두 꿰매 놓고
오감까지 꿰매 놓고
벙어리처럼 살란다
어쩌란 말인가.

딸이 오면

네가 오면
그냥 한없이 반갑고 좋더라
네가 가면
마음속은 텅 빈 가슴이더라

내 새끼 왔다고
바쁘게 왔다 갔다 하는
엄마를 보면
나까지 바쁘고
흐뭇하구나

그러나 내 새끼 가고 나면
더 잘해 줄걸
모두가 아쉬움 뿐이더라

끝내는
눈물을 흘리는
엄마더라.

밤에는 나 홀로

가을밤에는 별이 쏟아진다
뜰에도 산에도 지붕 위에도
무더기로 쏟아진다

잠들지 못하는 나 혼자만의
불안의 밤에도
이슬 내리는 갈대밭에도
별은 쏟아질 것이지만

이 밤 뜰 가운데 내가 서 있다
영혼이 승천한다는 한밤중에
내가 서 있다.

못난 아빠

너를 생각하면
뻣속까지 저려 온다

아빠 되는 그날은
눈물과 함께
함박웃음 꽃 피우며
벌어진 입은
닫혀지지 않았지
몇 년 만에 경사로다
온 집안은 들썩했다

지금은 너무 멀리 던져져서
뻣속이 저려 온다
너를 생각하면
그 흔한 학원에도 못 갔는지

천 원짜리 들고 기뻐하던
그 모습에 만족해야만 했다

그래도 떼 안 쓰던
바다 같은 너의 가슴
아빠는 그래서 뼛속이 저려 온다

이제는 내가 옷 얻어 입고
자랑하는 내가 되어
눈물을 흘리며 기도를 한다.

우뚝 솟은 산

어찌하여
너는 솟아났는가

세상 이야기를 들으려고
귀를 세우고 솟아났는가

하늘의 천둥소리에
놀라서 솟아났는가

태초의 그 말씀에
우뚝 솟아났는가

세상의 귀 드높은 산이여
듣기만 하고 말 못하는 산이여

오늘도 내일도
온 세상 소문 들으려고
그렇게 우뚝 솟아 있는가.

희망

젊었을 때
몸 관리를 제대로 못한 것이
이제야 나타나는 걸까

운동을 하라는
의사의 권유 사항이다
겁이 난다
조석으로 걷기 운동을 한다

온 마을에
개구리 소리 가득한 여름밤
풀숲에서 개똥벌레 한 마리가
불을 켜고 날아다닌다

그래
너를 보니 생각나는 것은
어둠 속에서는
작은 빛이어야 아름답다.

은퇴 후

은퇴를 하고 보니
어느새 나이가 칠십
일흔을 맞는 하루하루가
나에게는 너무나도 소중한 하루하루

왜 이리도 안타까운가
할 일을 다 못해
아쉬움이 너무나도 많으며
너무나도 사랑스러워서
내 뺨을 어루만지는 겨울바람이
너무나도 차갑다

계절도 내 맘을 아는 듯
엄동설한에 옷깃 여미며 길을 나서는데
친구에게 걸려 오는 전화
안부를 묻는 목소리가
내게는 살아갈 힘이 되네

내가 기다리는 목소리는 딸 소식인데
반갑게 인사하는 교인들의 따듯한 인사가
나에게 살아갈 힘을 선물한다.

문학기행

여행은 나를 설레게 한다
그리고, 여운을 남긴다

출발하기 전의 설렘과
돌아와서 천천히 다시 생각하는 여운

거기에 살지 않고 거기에 속하지 않아도
눈물의 걸음을 쫓아가는 시간

나 자신을 비우고
상대의 삶을 듣는 시간
나의 순간순간이 동화되는 순간들

낯선 언어도 허무는 몸짓은
우리가 같은 문화 가족임을 실감하게 한다.

동네 친구

우리 동네 친구 하나
보고 싶을 때가 있다

저녁 때쯤 집으로 가다가
저쪽 길 모퉁이
포장마차 집에 들러
호떡 하나 먹고 싶을 때
그때는 동네 친구 만나고 싶다

모두 지나가버린 옛날이지만
우리들 어린 시절 이야기
가슴 뭉클한 이야기하고 싶다

해는 넘어가고
마음 심란할 때
어느 포장마차에서
흉허물 없는
동네 친구 만나고 싶다.

사진

사진은 말한다

옛날을 말하고
현재를 말하고
역사를 말하고
미래를 말한다

잘 살아왔느냐고
잘 살 거냐고
행복하게 살아가라고
건강하게 살라고
나를 꿰뚫어 보고 있는 너

나는 다짐한다
참되고 진실하게 살겠다고
희망을 노래하며 미래를 꿈꾸며
집을 만들며
이 시대를 이기겠다고 다짐한다

황금 들녘도 창조주의 작품이라고
벼들이 노래하니 작품 값으로
잘도 팔리며 한 섬지기 소출이 나왔어
농부는 노래하며 춤추고 흥겨워
가을을 보내며 겨울을 준비하네.

보이지 않는다

내가 사는 시골 길은
비만 오면 질퍽질퍽한
좁은 길이었다

할머니 손잡고 따라다니던 길
그 옛날 길에는 발자국을 따라
조상들의 숨소리를 들었다

지금은 내가 다니는 길에는
내 발자국이 보이지 않는다

오랜 세월 밟고 밟혀 흔적도 없다
한세월 살아온 나의 발자국

어데로 갔나?

목사의 축복 기도하는 손

사랑하고 존경하며
서로 마주 잡는 손

사소한 일로
돌아서면 배반하는 손

사랑하는 사람끼리도
손 마주 잡다가
돌아서면 남남이 되는 손

무기를 만드는 손
문명을 만드는 손

내 손은 남을 축복하는 손이었다.

엄마의 바느질

살기 위해서는
벙어리 삼 년
귀머거리 삼 년
봉사 삼 년이라 했다

입도, 귀도, 눈도
꿰매어 놓고
내 감정까지도 꿰매어 놓는다

알아도
몰라도
들어도 말하지 말란다

모두 꿰매 놓고
오감까지 꿰매 놓고
벙어리처럼 살란다
어쩌란 말인가.

삶을 돌아보니

젊었을 때는
젊음인 줄도 모르고
어느새 겨울이 울고 있다

아침저녁으로
서늘한 바람이 불어오는 계절

사랑할 때는
사랑인 줄 모르고
이제와 보니 겨울이 오네

하늘의 별도 나직이 가라앉은 이 밤
지나간 생의 뒤안길을 더듬어 보며
계절의 변화를 보면서
새벽에 깨어나 울고 있다

온몸으로 떨고 있다
산다는 것이 무엇인가.

내 삶의 여행

내 삶에
시간 여행을 해 보자
어린 시절도 가 보고
내 학창 시절에도
내 젊은 시간도 가 본다

장마가 지나간 자리
고요히 흐르는 시냇가의
거울 같은 물빛도 그대로고

솔바람 소리
미루나무 바람 소리
지금도 여전히 좋은 악기가 되어
노래하고 있다

내 삶에 시간 여행을 간다
메뚜기는 간 곳이 없고
논뚜렁에서 우렁이 잡던 그 시절

잠자리 풀밭에서 뛰노는 여치
송아지 고삐 잡고 풀 먹이던 방차뚝
가재 미꾸라지 줄줄이 나와서
나를 안내하던 고향 산천

어느새 칠십이 넘어서
저녁노을 산수를 바라보네.

가을

곤충들의 노랫소리
달빛 속에서 울기도 하고
추수하는 기계 소리
풍년을 노래하는데

귀 기울이면
풍악 소리 들린다

계절의 음계가
가슴을 울린다
계절이 내어 주는 자리는
세월의 흐름이고

함성 소리에 대답을 하는 듯
열매를 주고 노래하며
소슬바람에
몸도 마음도 씻어내며
가을을 노래한다.

순명(順命)

나뭇잎 하나가
바람에 날려 떨어지는 것도
본래는 제 뜻이 아니고
자연의 섭리이다

광대한 우주의 움직임에
순응하는 것이다

이 땅에서 사는 일이
내 맘대로 안 된다고
낙심하지 말라

그대의 속에는 그대보다
더 크신 분이 심장을 붙들고
계신다는 사실을 기억하라

그분의 숨결 속에
그대의 삶을 맡겨라!

오늘 하루를 잘살자

오늘 나타난 일로 괴로워하지 말라
그 일은 완성을 향해서 겪는 일이기에
아직 끝은 아니란 말이다

지나간 일로 오늘 괴로워하지 말고
오늘 하루의 삶으로 마감하라
오늘은 어제와 다른 새로운 날이다

과거의 걱정을 오늘도 한다면 도움이 안 되니
오늘은 오늘 새로 시작하라
오늘 그대에게 새로운 의미를 줄 것이다

오늘 하루를 잘 살아보자
24시간은 내게 주어진 선물이다.

■ 발문

시집 제목부터가 성공한 시인

최 양 희

〈문학평론가 · (사)한내문학 이사장〉

우리들은 눈만 뜨면 말을 한다.

만나는 사람마다, 아니 멀리 있어도 전화로 말을 한다. 생명력이 있는 모든 동물들도 서로가 소통하는 말을 하는데, 심지어는 풀도 나무도 꽃들도 서로서로가 자기네들끼리 통하는 말을 하는 것이다.

장병진 목사님은 2018년 6월 『한내문학』지에 시 〈말을 한다〉로 등단했으며 시인으로 활동한다. 이때 유명한 문학평론가인 김성열 심사위원장은 심사평에서 "시적 대상은 제각각 말을 하고 있지만, 누구에게 무슨 말을 하는지 알 수 없고, 그저 "말을 한다"고, 하는 표현은 사람과 교감하는 크나큰 묵언의 말소리다. 그리고 날카로운 시적 안목과 함축미라는 점에서 장병진의 시는 아찔한 찔림을 주는 울림이 있다."하고 평했다.

이번에 장병진 목사는 등단 후 1년 7개월 만에, 〈말을 한다〉는 등단 시로 처녀시집 제목을 『말을 한다』를 출간하게 된다. 이 얼마나 자랑스럽고 보람 있는 일인가?

그렇다. 장병진 시인은 고차원적인 순수한 시인이다. 또한 시인 장 목사는 교회에 선교하는 시인으로서 지역은 물론, 일본에서도 선교 활동을 하면서도, 항시 여유 있는 마음으로 자신이 해야 할 일을 미리미리 빈틈없이 준비한 열정적인 시인이었다.

장병진 시인이 이번에 『말을 한다』 시집을 출간하게 된 것을 보면, 그는 언제나 자신의 일생에 열정적인 문학의 시세계와 일체감을 이뤘기 때문이라고 볼 수 있는데, 그는 소년 시절부터 문학적 소질을 천부적으로 타고 났기 때문에 자신의 뜻을 실현시켰던 것이다.

사실 지금 이 시대에 얼마나 시인들이 많은가? 그러나 제가 앞에 말한 바와 같이, 그 수많은 작가들 중에서도, 자신의 열정으로 글을 쓰는 시인들이 얼마나 되겠는가. 그러나 장변진 시인은 시적 신념과 의욕이 넘쳐 나며, 자연과 우주의 일체감을 이룬 시를 쓰지 않나 하고 생각하며, 진솔한 시적 재능이 남다르게 뛰어났다고 여겨진다.

장병진 시인은 목사 · 선교사로서 이리저리 두 발로 뛰어다니는 그야말로 상당히 바쁜 일정 속에서도, 시 등단 신인상을 수상 후 이제 떳떳한 시인으로서, 우리네 인생을 예리하게 평범한 소재와 일상어를 평범하지 않게 시로 표현하는 시인이며, 시적 능력은 매우 긍정적인 것이 장점이라 할 수 있다.

그리고 시구마다 우리들 마음에 공감되는 진솔하면서도 정서적인 시를 쓰는 목사 시인이다. 또한 주위 사람들로부터 무척 겸손한 성격이면서도 칭송이 자자한 기법이 뛰어난 아주 활동적인 시인으로 알려져 있다.

시인 장병진 목사의 시를 보면 은유법과 함축성과 현대감각의 미학을 교묘하게 살려 내면서, 거기에 특별한 색채까지 뿌려 내는 타고난 시인이다.

이번에 발표한 그의 시를 자세히 탐독해 보면 그의 시세계가 어디까지 도달했는지 독자들은 금방 알 것이다.

좋은 시는 진솔한 자신의 시성에서 탄생되며 진주보다 더 값진 시는 영원한 빛으로 발산할 것이다. 영원히 꺼지지 않는 조용한 문향의 빛을 발산하는 시인이라는 점을 이번 기회에 밝혀 두는 바이다.

장병진 시집

말을 한다

초판 인쇄 2020 년 2 월 15 일
초판 발행 2020 년 2 월 20 일

지은이 | 장병진
펴낸이 | 김효열
편　집 | 이미정
마케팅 | 김효숙 · 김영미 · 박미옥

펴낸곳 | **을지출판공사**

등록번호 | 1985 년 2 월 14 일 제 2-741 호
주　　소 | 서울시 마포구 양화진길 41, 603호
우편번호 | 04083
대표전화 | 02) 334-4050
팩시밀리 | 02) 334-4010
전자우편 | ejp4050@hanmail.net

값 13,000원

ISBN 978-89-7566-186-0 03810